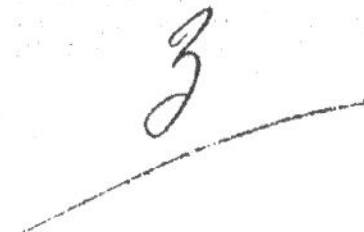

VENTE

Par suite du Décès de M. BALENSI

EN SON HOTEL, 9, AVENUE FRIEDLAND

TRÈS BEAU

MOBILIER ARTISTIQUE

TABLEAUX MODERNES

Me ESCRIBE	M. A. BLOCHE
COMMISSAIRE - PRISEUR	EXPERT
6, rue de Hanovre, 6.	23, rue Chauchat, 23.

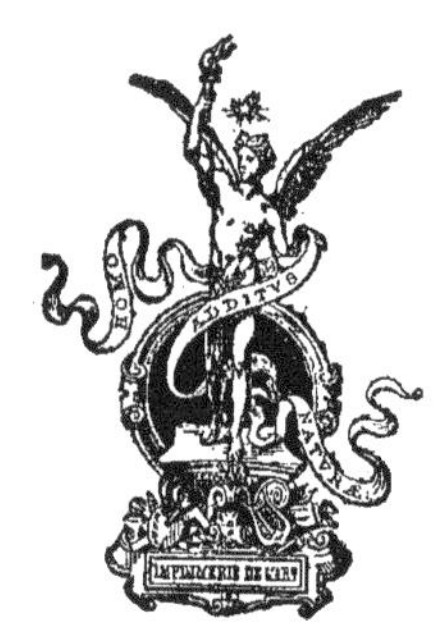
HOMO
ADDITUS
NATURÆ

CATALOGUE

D'UN TRÈS BEAU

MOBILIER ARTISTIQUE

DES

STYLES XVIe ET XVIIIe SIÈCLES

Bronzes — Marbres — Émaux cloisonnés

Porcelaines de Saxe et de Chine — Tentures — Rideaux — Tapis

TABLEAUX MODERNES

DE

Berchère, Boudin, Émile Breton, J. L. Brown,
Bonvin, Boulard, Cicéri, Corot,
Dramard, Delance, Diaz, Hall, Herson, Ch. Jacque, Lapostolet,
Larochenoire, Luminais, Michel, Mathon, Navone,
Palizzi, Renoir, Stévens, Tito, Haquette.

Œuvres importantes de HÉBERT, HUMBERT, FEYEN-PERRIN

Objets d'art et de curiosité — Vins fins et ordinaires

DONT LA VENTE AURA LIEU

Par suite du décès de M. BALENSI

Les Jeudi 3, Vendredi 4, Samedi 5 Décembre 1885 et jours suivants

(S'IL Y A LIEU), A DEUX HEURES

EN SON HOTEL, 9, AVENUE FRIEDLAND

Me ESCRIBE	**M. A. BLOCHE**
COMMISSAIRE-PRISEUR	EXPERT
6, rue de Hanovre, 6.	23, rue Chauchat, 23.

Chez lesquels se trouve le présent catalogue.

EXPOSITIONS

PARTICULIÈRE	PUBLIQUE
Le Mardi 1er Décembre 1885	**Le Mercredi 2 Décembre 1885**
De 1 heure 1/2 à 5 heures 1/2.	De 1 heure à 5 heures.

CONDITIONS DE LA VENTE

Elle se fera au comptant.

Les adjudicataires paieront *cinq pour cent* en sus des enchères, applicables aux frais.

L'exposition mettant le public à même de se rendre compte de l'état des objets, il ne sera admis aucune réclamation une fois l'adjudication prononcée.

Paris. — Imp. de l'Art. E. Ménard et J. Augry, 41, rue de la Victoire.

DÉSIGNATION DES OBJETS

VESTIBULE

1 — Belle et grande pendule en vernis Martin, fond laqué rouge, décor à fleurs à rehauts d'or, avec socle d'applique garni de bronzes, de rocailles et d'enroulements. Époque Louis XV.

2 — Deux jolis meubles-crédences en noyer sculpté, s'ouvrant à trois portes décorées de figures allégoriques en bas-relief, supportés par des colonnes style Jean Goujon.

3 — Groupe d'amours supportant un vase en bronze de « Auguste Moreau », monté sur socle en marbre rouge griotte orné de tore de lauriers en bronze doré. Style Louis XVI.

4 — Grande vasque, en faïence barbotine, à trois anses à jour, décor à fleurs, montée sur un support en bois noir sculpté. Style chinois.

5 — Portemanteaux et parapluies en noyer sculpté, style Renaissance, avec garniture nickelée.

6 — Banquette formant coffre en chêne sculpté, couvert en velours rouge.

7 — Grand candélabre formé d'un vase en porcelaine du Japon, décor à paysages et oiseaux en bleu sur blanc, monture en bronze doré, avec socle en bois.

8 — Table rectangulaire en noyer, forme Henri II.

9 — Fauteuil et cinq chaises en noyer sculpté, couverts en simili-tapisserie. Style du xvie siècle.

10 — Paire de vases en porcelaine de Chine, fond rose gravé, décor à personnages.

11 — Deux bustes de femmes en marbre.

12 — Plateau en galvanoplastie, avec sujet allégorique.

13 — Service en porcelaine de Saxe, décor à sujets champêtres et écailles de poisson, fond rouge. Composé de douze tasses et leurs soucoupes, une théière et un pot à crème.

14 — Tasses et soucoupes en porcelaine de Saxe moderne, décorées de sujets Watteau.

SALLE A MANGER

15 — Suspension en bronze à dix-huit lumières et sa lampe.

16 — Ameublement composé d'un buffet-dressoir, d'un meuble d'entre-deux et de deux dessertes, une table carrée, le tout en bois sculpté. Style Renaissance.

17 — Quatorze chaises en noyer sculpté, recouvertes en drap bleu soutaché et brodé. Style Renaissance.

18 — Deux candélabres à six lumières, formés de lampes en émail cloisonné de Chine, monture en bronze doré.

19 — Deux supports en bois sculpté, forme griffons ailés.

20 — Deux jardinières en faïence moderne, décorée de fleurs en relief avec supports en bois noir.

FUMOIR

21 — Petit lustre flamand en cuivre poli, à huit lumières.

22 — Statuette en bronze vert : le Réveil, de Franceschi. Sur socle en marbre noir.

23 — Deux petits flambeaux. Cariatides de fumeurs sur tortues, en bronze vert.

24 — Deux grands chenets en bronze et fer forgé, représentant des figurines de Mars et Bellone. Style Renaissance.

25 — Statuette en terre cuite : la Pêcheuse de Puys, par Carpeaux.

26 — Statuette en terre cuite : la Rieuse accroupie, de Carpeaux.

27 — Grande et belle statuette équestre en bronze : Jockey à cheval, d'Isidore Bonheur.

28 — Joli bureau à contours en bois rose et marqueterie, orné de bronzes. Style Louis XV.

29 — Meuble d'appui à deux portes, en bois noir décoré d'incrustations d'ivoire. Style Renaissance.

30 — Ameublement composé d'un petit canapé, deux fauteuils et une chaise forme ottomane, couverts en moquette et en panne. Style oriental.

31 — Grande glace avec cadre en glace biseautée.

32 — Deux pots à tabac en défenses d'éléphant.

33 — Deux coupes en bronze.

34 — Coupe, forme fer à cheval, en bronze et cuivre.

35 — Écritoire en bronze et émail cloisonné.

36 — Deux presse-papiers en bronze de d'Epinay : Marée haute et Marée basse.

37 — Plateau en émail cloisonné, garni en bronze.

38 — Cachet en jaspe, monture or.

39 — Deux cornets en cristal dépoli, avec monture à amours, en bronze, émail et onyx.

40 — Deux vases à couvercles en porcelaine genre Sèvres, décorés d'une frise à paysages et pastorales.

41 — Deux statuettes en bronze vieil argent : Spadassin et Troubadour, de Lalouette.

42 — Deux vases en bronze japonais, forme côtelée.

43 — Groupe de trois figures en porcelaine d'Allemagne.

44 — Groupe de sept figures en porcelaine d'Allemagne.

45 — Buste d'enfant en marbre : Henri IV, d'après Bozio.

GRAND SALON

46 — Pendule composée d'un vase en porcelaine genre Sèvres fond bleu, décorée d'un sujet : l'Enlèvement d'Europe, et d'un bouquet de fleurs. Ce vase est surmonté d'un mouvement, il repose sur un socle en bronze, à quatre figures de femmes et trois d'enfants, représentant la Pêche.

47 — Buste en marbre : Jeune femme, par *Mathieu Meusnier*.

48 — Buste en marbre : Jeune garçon coiffé d'un chapeau à plumes.

49 — Grands vases en porcelaine genre Sèvres, décorés de paysages et pastorales, fond gros bleu à rehauts d'or, monture en bronze doré. Style Louis XVI.

50 — Deux grands chenets en bronze partie dorée, représentant des personnages sur rocaille. Style Louis XV.

51 — Bel écran en bronze ciselé et doré, représentant le Supplice d'Hercule. Style Louis XIV.

52 — Deux grandes lampes forme de vases en porcelaine, fond gros bleu à rehauts d'or, décorées de médaillons à sujets historiques, monture en bronze doré.

53 — Deux grands socles-supports en bois sculpté. Style chinois.

54 — Deux colonnes en marbre ornées de bronze, formées de groupes de griffons ailés.

55 — Deux beaux candélabres à treize lumières, formes de vases en émail cloisonné; monture en bronze. Style chinois.

56 — Deux statuettes en bronze : Dames du Directoire, par *Aizelin*.

57 — Vase en faïence barbotine, décoré de fleurs, monture en bronze. Style chinois.

58 — Guéridon en bronze à têtes d'éléphants, dessus en marbre.

59 — Deux statuettes en bronze d'*Arthur Bourgeois* : Danseuse égyptienne et Joueur de triangle.

60 — Jolie coupe en onyx garnie de bronze et supportée par un dauphin.

61 — Deux lampes formées de vases en bronze du Japon.

62 — Glace biseautée, cadre à fronton en glace et bois doré. Style Louis XIV.

63 — Très beau meuble à hauteur d'appui en marqueterie de cuivre et d'étain sur fond en écaille de l'Inde, richement orné de bronzes ciselés et dorés; il s'ouvre sur la façade à un battant en ressaut, et sur les côtés il est garni de huit tiroirs; dessus en marbre brocatelle.

(Exécuté d'après le meuble de Boule des Châteaux royaux.)

64 — Deux beaux meubles à hauteur d'appui s'ouvrant à un battant et huit tiroirs chacun, en marqueterie de cuivre et d'étain, sur fond d'écaille et de bois noir, richement ornés de bronzes dorés, dessus en marbre brèche griotte.

(Exécutés d'après le meuble de Boule des Châteaux royaux.)

65 — Table de milieu en bois rose, ornée de bronzes dorés. Style Louis XIV.

66 — Très beau meuble de salon en bois sculpté et doré, recouvert en lampas vieil or, dessin à parterre de fleurs. Style Louis XVI. Composé d'un canapé et quatre fauteuils.

67 — Deux fauteuils confortables couverts en soierie brochée à fleurs, garnie de franges assorties.

68 — Pouf en satin jaune vieil or, couvert de broderies à fleurs et rinceaux, monté sur fond de peluche rouge à draperies, avec passementeries et glands assortis.

69 — Quatre chaises en bois doré, recouvertes en velours de Gênes, dessin parterre de fleurs. Style Louis XIV.

70 — Deux chaises en bois doré, modèle Lyre, recouvertes en velours dit de Gênes, fond crème à oiseaux. Style Louis XVI.

71 — Joli lustre en bronze doré, garni de cristaux. Style Louis XVI.

72 — Deux flambeaux à deux lumières en bronze.

73 — Coupe en porcelaine du Japon, monture en bronze. Style chinois.

74 — Porte-allumettes en bronze argenté.

75 — Brûle-parfums en bronze ciselé Style japonais.

76 — Pot à tabac, défense d'éléphant montée en argent.

77 — Quatre figurines en bronze : Enfants représentant les quatre saisons.

78 — Figurine bronze : Amour en méditation.

79 — Statuette en marbre : l'Été.

PETIT SALON

80 — Table en bois noir sculpté, dessus en laque à rehauts d'or. Style chinois.

81 — Guéridon-support en bronze à têtes d'éléphants, dessus en marbre.

82 — Belle jardinière avec plateau en bronze et émail cloisonné (de *Barbedienne*).

83 — Deux jolies colonnes en marbre griotte, sur base en marbre vert, montées en bronze. Style Louis XVI.

84 — Groupe en bronze : la Jeune Mère, de Clère, d'après Marin.

85 — Statuette en bronze : la Source, de Falguière.

86 — Vase en porcelaine de Saxe moderne, décor en relief, représentant des sujets guerriers.

87 — Deux lampes en émail cloisonné de Chine. Monture en bronze.

88 — Garniture de cheminée composée d'une pendule et deux candélabres à cinq lumières, formés de groupes en porcelaine de Saxe.

89 — Deux chenets en bronze doré, figures de Sirènes.

90 — Très jolie vitrine en bois rose et marqueterie ornée de bronzes dorés, avec étagères sur les côtés ; dessus en marbre brocatelle. Style Louis XVI.

91 — Piano en palissandre, d'Érard.

92 — Tabouret de piano en bois doré, couvert en velours de Gênes à parterre de fleurs.

93 — Casier à musique à étagère en peluche rouge.

94 — Petit paravent à quatre feuilles en peluche rouge, ornée de fleurs en tapisserie appliquée.

95 — Joli ameublement composé d'un canapé, une marquise et un fauteuil en velours de Gênes bleu turquoise, dessin Louis XVI, ton sur ton.

96 — Chaise-ottomane en satin richement brodé de fleurs et de feuillages en soie et argent.

97 — Deux fauteuils recouverts en soierie crème brochée à fleurs.

98 — Chaise en bois doré couverte en peluche rouge brodée. Style Louis XVI.

99 — Grande et belle glace avec cadre en porcelaine de Saxe, décor à fleurs et festons de rubans, surmontée d'un fronton à figures.

100 — Glace biseautée avec cadre en glace.

101 — Tasses et soucoupes en porcelaine de Saxe, décor camaïeu, bordure rouge, vert et or.

102 — Bonbonnière en cuivre émaillé.

103 — Bonbonnière en émail cloisonné.

104 — Deux pet'ts vases en porcelaine de Saxe moderne.

GALERIE

105 — Deux cartels, pendule et baromètre en palissandre et bronze. Style Louis XV.

106 — Belle commode en laque de Coromandel garnie de bronzes dorés, dessus en brèche d'Alep. Style Louis XV.

107 — Deux bronzes de Barye: Lion et Lionne. Édition de Barbedienne.

108 — Vase en porcelaine de Saxe moderne, décor sujets de chasse.

109 — Guéridon en bois sculpté, style chinois, avec dessus formé d'un grand plat en émail cloisonné du Japon.

110 — Deux coussins longs en peluche rouge brodée à oiseaux et entrelacements. Style Renaissance.

111 — Table à jeu en thuya, bois noir et bronzes dorés. Style Louis XVI.

112 — Cabinet Contador en marqueterie garnie en cuivre.

113 — Paravent à quatre feuilles en tapisserie à fleurs sur fond en peluche.

114 — Statuette en bronze : la Cruche cassée, de *Germain*.

115 — Plat en faïence artistique : la Petite Sirène, par *Schappi*.

116 — Deux bustes en terre cuite : le Lilas et Fleurs des champs, de *Carrier-Belleuse*.

117 — Deux socles d'appliques à figures de Satyres, en bois doré.

118 — Deux petits guéridons en porcelaine de Saxe moderne, pieds en bronze.

119 — Jardinière en faïence barbotine, décor en relief.

120 — Belle table rectangulaire en noyer sculpté rehaussé d'or avec griffons ailés. Style Renaissance.

121 — Très belle statue en marbre : la Grenouillière, de *d'Épinay*.

122 — Vases en faïence barbotine, décor de feuillages en relief.

123 — Deux socles-supports en bois noir. Style chinois.

124 — Table couverte en peluche rouge avec pieds à X et bois doré.

125 — Grande et longue jardinière à trois compartiments en noyer sculpté, ornée de plaques en porcelaine, décor à fleurs.

126 — Belle table-bureau à contours en bois de violette, ornée de bronzes dorés. Style Louis XV.

127 — Guéridon rond en bronze, dessus en mosaïque de Rome.

128 — Trois lustres, style flamand, en cuivre poli.

129 — Encrier en bronze gravé et argenté.

130 — Divan couvert en étoffe grise et trois coussins en velours de Bagdad.

131 — Petit fauteuil en peluche bleue brodée.

132 — Deux chaises volantes en noyer sculpté rehaussé d'or, couvertes en velours de Gênes polychrome. Style Louis XIV.

133 — Joli petit canapé en noyer sculpté, forme Louis XV, couvert en soierie brochée à fleurs et festons.

134 — Grand et beau canapé en noyer sculpté, époque Louis XV, couvert en brocart saumon broché d'or à fleurs et feuillages.

135 — Fauteuil capitonné couvert en soie brochée à fleurs.

136 — Deux petites chaises en noyer sculpté, style Renaissance, recouvertes en velours de Gênes fond réséda.

137 — Deux fauteuils pliants en peluche brodée et bois noir.

138 — Deux chaises en noyer sculpté couvertes en broderies de Perse.

139 — Pouf en peluche rouge avec dessus de broderie sur fond de drap bleu.

140 — Fauteuil en noyer sculpté rehaussé d'or, couvert en velours dit de Gênes.

141 — Petit canapé couvert en soierie brochée, fond lilas à fleurs.

142 — Corbeille supportée par un groupe, en porcelaine de Saxe moderne.

143 — Statuette en bronze : Figaro, de *Boisseau et Amy*.

144 — Statuette en bronze : Sapho, de *Pradier*.

145 — Statuette en marbre : Vénus de Milo.

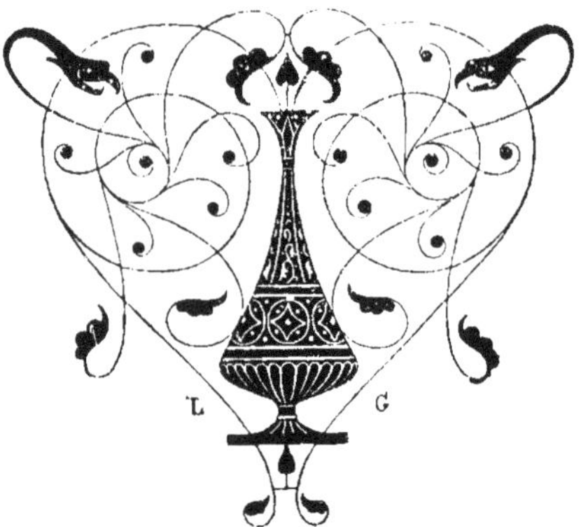

TABLEAUX

BERCHÈRE

146 — *La Halte ; souvenir d'Orient.*

147 — *Vue d'Orient ; effet de nuit.*

BOUDIN

148 — *Petit Port.*

149 — *Marines.*

Deux pendants.

BRETON

ÉMILE

150 — *Le Coup de vent.*

BROWN

JOHN LEWIS

151 — *Paysage animé de cavaliers et amazones.*

152 — *Le Mont Saint-Michel.*

BONVIN

153 — *La Brodeuse de tapisserie.*

BOULARD

154 — *Tempête.*

Marine.

CICÉRI

155 — *Le Pont de bois.*

COROT

156 — *Paysage.*

Esquisse.

DRAMARD

G. DE

157 — *La Charmeuse d'oiseaux.*

DELANCE

(PAUL)

158 — *Patineurs au bord de la mer.*

Deux pendants.

DIAZ

159 — *Paysage avec ferme.*

FEYEN-PERRIN

160 — *Jeune Fille au bord de la mer.*

Œuvre importante.

GREUZE

École de

161 — *La Petite Fille.*

HALL

162 — *Portrait de Chevie the Flying Dutchmann.*

HÉBERT

163 — *La Perle noire.*

Œuvre pleine de grâce.

HERSON

164 — *Paysage avec figures.*

HUMBERT

(F.)

165 — *Salomé.*

Grand et beau tableau.

JACQUE

(CHARLES)

166 — *Moutons à l'étable.*

LAPOSTOLET

167 — *Bords de fleuve à l'entrée d'une ville.*

Deux pendants.

LAROCHENOIRE

168 — *Bœufs au pâturage.*

LÉPICIÉ

(Attribué à)

169 — *Tête d'enfant.*

LUMINAIS

170 — *Cheval à l'écurie.*

MEISSONNIER

(Attribué à)

171 — *Gentilshommes causant.*

Joli dessin.

MICHEL

(G.)

172 — *Paysage au bord de la mer.*

173 — *Bords de rivière.*

MATHON

(E.)

174 — *Paysage, bords de rivière.*

NAVONE

175 — *La Déclaration.*

PALIZZI

176 — *Paysage.*

Aquarelle.

177 — *Ferme de Normandie.*

Aquarelle.

178 — *Route de Normandie.*

Aquarelle.

179 — *Pâturage.*

Aquarelle.

180 — *Bœufs au pâturage.*

Aquarelle.

RENOIR

181 — *Fleurs dans une jardinière.*

182 — *La Lecture du journal.*

STÉVENS

(JOSEPH)

183 — *Portrait de femme.*

184 — *Le Singe gourmand.*

TITO

(E.)

185 — *Coin de cabaret.*

TOFANI

186 — *Femme dans un boudoir.*

Aquarelle.

ÉCOLE MODERNE

187 — *Pêches et raisins.*

FOUBERT

188 — *Nymphes et faunes.*

Grand et beau tableau.

HAQUETTE

189 — *Fleurs.*

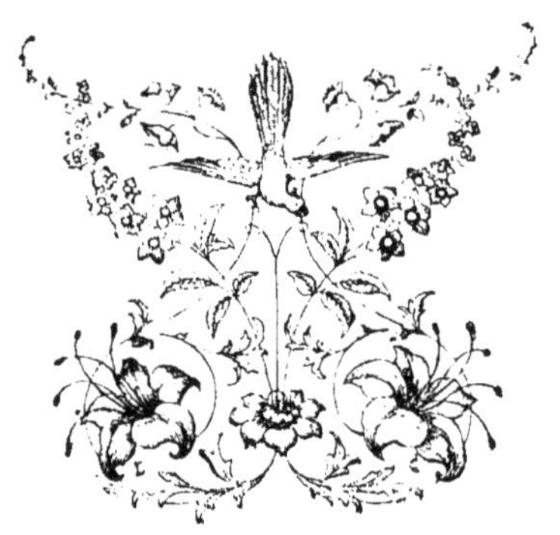

ESCALIER

190 — Deux très grands bustes en marbre polychrome : Nègre et négresse. Sur socles drapés.

PREMIER ÉTAGE

SALLE DE BILLARD

191 — Billard en bois noir, de Crozier, avec porte-queues. marques, jeu de billes, poule.

192 — Appareil d'éclairage de billard, en cuivre.

193 — Table en bois noir. Style chinois.

194 — Table, forme cœur, en bois noir et tapisserie.

195 — Divan recouvert en brocart.

196 — Deux fauteuils recouverts en étoffe orientale.

197 — Deux chaises en noyer, couvertes en étoffe orientale.

198 — Banquette en chêne et velours rouge.

199 — Candélabre, forme d'un grand vase, en porcelaine du Japon, monté en bronze.

PREMIÈRE CHAMBRE A COUCHER

200 — Pendule, marbre noir, ornée de bronzes et surmontée d'un cheval en bronze, par Mène.

201 — Deux lampes en émail cloisonné de Chine, fond noir à fleurs et oiseaux, montées en bronze.

202 — Encrier en émail cloisonné et bronze.

203 — Deux chenets en bronze, Style Louis XVI.

204 — Armoire à glace, en bois noir sculpté, à un vantail.

205 — Coupe en faïence sur socle en bois noir.

206 — Table couverte en drap bleu.

207 — Petit bureau en palissandre, dessus en drap bleu.

208 — Lit en palissandre et thuya.

209 — Table-étagère en bois noir et faïence émaillée.

210 — Chiffonnier en palissandre.

211 — Deux fauteuils en drap bleu soutaché.

212 — Grand fauteuil en velours avec bandes en tapisserie.

213 — Chaise en bois noir et velours.

214 — Chaise en drap bleu.

215 — Écran en bois sculpté avec panneau en tapisserie.

DEUXIÈME CHAMBRE A COUCHER

216 — Lustre à neuf lumières, en porcelaine de Saxe.

217 — Petit bureau à cylindre, en acajou garni de cuivre. Style Louis XVI.

218 — Armoire à glace en palissandre et bois de rose sculpté.

219 — Lit en palissandre ciré.

220 — Petite table acajou, garnie de bronzes dorés.

221 — Chaise longue et deux fauteuils en soie brochée.

222 — Chaise pliante en peluche brodée.

223 — Deux chaises en bois noir, couvertes en soie brochée.

224 — Tabouret en peluche brodée, pied à X.

225 — Chaise en satin brodé, garnie de franges et passementeries assorties.

DANS LA SALLE DE BAINS

226 — Petite pendule et deux candélabres à deux lumières, en bronze poli. Style oriental.

227 — Secrétaire en marqueterie, semé de bronzes. Style Louis XV.

228 — Armoire à glace en palissandre.

MEUBLES DIVERS

229 — Quantité de meubles en chêne et acajou, garnissant plusieurs chambres à coucher.

230 — Bonne et nombreuse literie.

231 — Bronzes : garnitures de cheminées, galeries, chenets, flambeaux, etc.

232 — Rideaux en soie, peluche et tapisserie, lampas, etc. Tapis d'Orient et en moquette.

233 — Bonne et nombreuse batterie de cuisine, en cuivre, fer-blanc et fer battu.

234 — Meubles d'office, de lingerie, de chambres de domestiques et de salle de bains.

235 — Bon linge de lit, de table et de cuisine.

CAVE

236 — Environ mille bouteilles de vins fins et ordinaires.

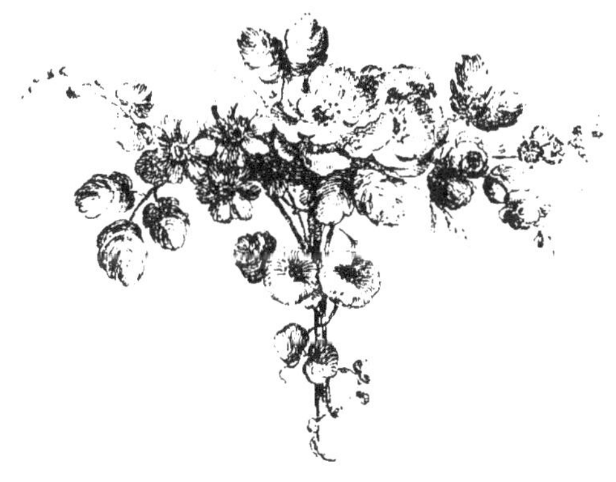

www.ingramcontent.com/pod-product-compliance
Ingram Content Group UK Ltd.
Pitfield, Milton Keynes, MK11 3LW, UK
UKHW022143260726
13993UKWH00005B/2116

9 782329 534404